www.ingramcontent.com/pod-product-compliance
Lightning Source LLC
LaVergne TN
LVHW080515200726
843507LV00008B/1097

كتاب تلوين زخارف الماندالا

٥٠ نمطًا يبعث على السكينة من ١٣ فنانًا

مجموعة تلوين ''اليقظة'' للبالغين- الإصدار رقم ١

www.ColoringCraze.com

ISBN-13: 978-83-67658-12-6

الإصدار رقم 4

اختبر ألوانك هنا

امزج ألوانك هنا
امزج
امزج
امزج
امزج
امزج
امزج
امزج
امزج
امزج

اختبر ألوانك هنا
امزج ألوانك هنا
امزج
امزج
امزج
امزج
امزج
امزج
امزج
امزج
امزج

كلمة من المؤلف

شكرًا لقيامكم بتلوين كتابنا! أتمنى أن تكونوا قد استمتعتم بتجربة تبعث على الاسترخاء، وأتمنى أن تكونوا قد استمتعتم بها.

أود أن أطلب منكم صنيعًا صغيرًا. مراجعات الكتب مهمةٌ للغاية بالنسبة لهواة التلوين مثلكم.

إذا كان لديكم دقيقة من وقتكم؛ فاكتبوا تعليقًا على كتابنا من خلال هذا الرابط، رجاءً:

www.coloringcraze.com/revar19

فذلك من شأنه أن يساعد المشترين على اتخاذ القرار الصحيح، كما أن تعليقكم هو في غاية الأهمية بالنسبة لرسّامينا ☺

جميع كتبنا متاحة من خلال هذا الرابط: www.coloringcraze.com/allar

شكرًا لكم!